L'ÉGYPTOLOGUE

PAR

Le Baron TEXTOR DE RAVISI,

Officier de la Légion d'Honneur,
Président du premier Congrès provincial des Orientalistes français,
Président, Vice-Président et Membre de plusieurs Sociétés
académiques, françaises et étrangères,
etc., etc.

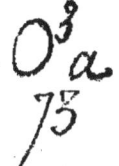

Chapitre

pour servir d'épilogue au volume sur l'Égyptologie et de prologue au volume sur la Sinaïtique.

L'ÉGYPTOLOGUE

PAR LE

Baron TEXTOR DE RAVISI,

Orientaliste français.

CHER LECTEUR,

Avant d'aborder le sujet du présent volume, permettez-nous de jeter un coup d'œil sur le terrain que nous venons de parcourir, et que nous ne quitterons guère ici qu'en apparence : au fond, ce que nous avons à dire de l'EGYPTOLOGIE convient à la SINAÏTIQUE. Ce sont deux branches d'une même science appliquant des procédés semblables à l'étude de deux pays voisins, unis pour toujours dans l'histoire depuis qu'ils ont eu l'honneur de voir naître l'un Moïse, l'autre sa loi.

L'Arabie et l'Egypte eurent, en outre, dès l'origine, de grands rapports de races qui se poursuivirent à travers les siècles, et qui existent encore.

C'est de la *Terre-Sacrée*, en effet, que les ROT-U

partirent dans la direction de la *Terre-Noire* en passant par la *Terre-Rouge*. Le mythe du Phénix venant de la Terre-Sacrée pour mourir et renaître à Héliopolis (1), n'est-il pas chez les Egyptiens un antique et touchant souvenir de leur ancienne patrie, qu'ils ont appliqué dans leurs mystères à la philosophie et à la religion?

Nos maîtres en Egyptologie ont leur entrée libre DANS les temples élevés par leur science,

Edita doctrina sapientum templa serena.

Pour nous, à qui les parvis étaient seulement accessibles, nous en avons profité pour jeter dans l'intérieur des regards indiscrets et curieux : nous avons, pour ainsi dire, *voyagé* AUTOUR *de l'Egyptologie*.

Le spirituel écrivain (2) qui voyagea *autour de sa Chambre* avait sur nous, soit dit sans comparaison, cet avantage qu'il était chez lui, tandis que nous sommes entré dans un milieu un peu nouveau pour nous. Mais les étrangers aperçoivent quelquefois des choses que ne voient plus ceux qui les voient trop, et, nous espérons, aussi, que la bonhomie de nos impressions fera excuser les lacunes de notre savoir.

Avant tout, nous devons convenir que nous avons trouvé dans nos Maîtres français et étran-

---

(1) Voir volume *Egyptologie*, pages 523 et 529.
(2) XAVIER DE MAISTRE.

gers (1) des hommes fort aimables, c'est-à-dire des hommes comme les autres, cher Lecteur, et l'accueil que nous avons reçu a été trop flatteur pour que nous ne tenions pas à les remercier publiquement.

Nous avons cherché en vain, parmi eux, ce grotesque et ibiocéphale Rumphius du roman *de la Momie*, d'après lequel on se représente généralement les égyptologues. Nous nous enquîmes de ce personnage avec un intérêt bien senti ; mais on nous a répondu que personne ne le connaissait, et qu'il avait sans doute été enseveli dans le *tombeau* de Théophile Gautier, en guise de statuette funéraire, avec on ne sait quel Chinois et d'autres êtres invraisemblables qui composaient l'entourage du poëte.

Et ce n'est pas un mince mérite pour les Egyptologues que de ne pas garder un peu, dans leurs personnes ou dans leurs œuvres, le pli et comme la ride de l'effort soutenu. Si nous cherchions, en effet, à rendre notre sentiment par une image, nous comparerions l'Egyptologie à un vaste atelier encombré d'outils, où se prépare pièce à pièce, avec une activité toujours croissante, au milieu de la fumée et du bruit, le matériel d'une immense construction *future*. Les

---

(1) Mentionnons notamment, parmi les étrangers, les chefs des écoles égyptologiques allemande et anglaise, les docteurs Lepsius et Birch.

ouvriers sont dans tout le feu du travail, et ils ont tant à faire !

Si les femmes savent tout, suivant un ancien, (et quel moderne oserait le contredire ?) les Egyptologues sont moins heureux : ils doivent tout apprendre. D'un côté, leur science est nouvelle, et sur aucun point ils ne trouvent la besogne achevée ; d'un autre côté, leurs ressources sont limitées, et aucun sujet ne leur fournit assez de matière pour les occuper longtemps. Force leur est donc de toucher à tous les détails de l'antique civilisation qui fait l'objet de leurs études : or, comment traiter d'un art ou d'un métier sans s'en rendre compte ?

Ce n'est pas tout, les langues sémitiques ont fourni beaucoup de mots et de procédés à l'Egyptien qui plus tard s'est lui-même transformé en Copte, puis les Grecs et les Romains ont longuement traité du pays des Pharaons ; de plus, aujourd'hui, on écrit sur les hiéroglyphes en italien, en anglais, en allemand, en suédois et en français. Il en résulte que les Egyptologues sont tenus d'être polyglottes dans toute l'acception du mot et de comprendre presque toutes les langues connues (voire même, disent les médisants, quelques patois nouveaux). Ce n'est pas eux qui auraient à redouter une nouvelle confusion des langues !

On pourrait s'attendre, en conséquence, à trouver de pareils travailleurs installés dans l'antre des Cyclopes, plutôt que dans le séjour des Grâces, et, pourtant, celles-ci ne semblent pas fuir le sombre atelier. Sans parler du grand style d'Emmanuel de Rougé, quelques ouvrages, d'Ebers entre autres, nous laissent comme un reflet de leur sourire et comme une trace de leur parfum

Mansit odor : posses scire fuisse deas.

Nous avons fait une autre remarque. Il existe entre tous les Egyptologues une véritable confraternité, et ils sont pleins d'indulgence pour les néophytes et pour les amis de l'Egyptologie : *Sinite parvulos ad me venire*. Nulle part la collaboration n'est aussi fréquente que chez eux : Chabas a collaboré avec Goodwin et Birch, Pleyte avec Rossi, Brugsch avec Dümichen, Guieyesse avec Lefébure, Grébaut avec Pierret, Ebers avec Stern... Nous ne disons rien de Salvolini qui collaborait de la manière que l'on sait avec Champollion.

Nous même, nous eussions pu obtenir la savante collaboration de bienveillants maîtres français et étrangers si nous n'avions dû décliner cet honneur dans leur propre intérêt. *Leur grandeur les attache au rivage* ; mais, pour nous, la responsabilité de nos idées dans le domaine égyptologique est trop légère pour nous empêcher de passer le fleuve à la nage.

Nous n'affirmerons pas, assurément, qu'il n'a

jamais existé dans la famille égyptologique d'autre sentiment que celui de la bienveillance ; les luttes de Chabas nous réfuteraient ; mais si pour pour être égyptologue on n'en reste pas moins homme, ce n'est pas ici du moins, avouons-le, que les coteries ont été inventées.

Nul n'aura de l'esprit hors nous et nos amis !

dit un vers plus vieux que Champollion ! ayons de l'esprit, soit, c'est bien permis en France, mais à condition de ne pas tout garder pour nous-mêmes, car vraiment nous serions trop riches. Ayons, en outre, l'esprit de clocher, rien de mieux aussi, pourvu que notre paroisse se trouve en Attique et non en Béotie.

Cette digression nous éloigne de l'Egyptologie, cher Lecteur, mais en revenant à notre sujet nous tenons à rappeler ici la mémoire d'un homme qui fut bienveillant entre tous, et qui eut l'honneur de signaler Emmanuel de Rougé. Si, aujourd'hui, Champollion le Jeune, Emmanuel de Rougé et François Chabas, restent, sans parler des savants en activité de service, comme MM. Mariette, Prisse d'Avennes, Maspero et Pierret, les grandes figures de l'école égyptologique française, J.-J. Ampère n'en représente pas moins, selon nous, un des beaux types de l'Egyptologue.

Erudit et savant, infatigable voyageur à travers le monde et les livres, il s'annonça comme ayant l'ampleur nécessaire pour succéder à **Champollion**, mais, distrait par d'autres études, il n'en fut que le néophyte.

Fiunt oratores, nascuntur poetæ.

On ne naît pas égyptologue, on le devient : c'est affaire de patience et d'expérience, de longueur de temps et d'études, d'entêtement même. Il paraît malheureusement qu'**Ampère** n'était pas entêté. Peut-être, aussi, n'avait-il pas besoin de l'être :

J'ai trop vécu par la pensée,
J'ai trop peu vécu par le cœur !

a-t-il dit quelque part. Si sa destinée eût été autre, peut-être aurait-il recherché, lui aussi, ces études exclusives qui vous prennent tout entier et qui ont le pouvoir, comme le Népenthès des anciens, de verser à l'âme blessée un calme que ne donnent ni les plaisirs littéraires, ni les distractions mondaines, ni les agitations politiques.

Jadis, les ordres religieux offraient seuls des refuges où les grandes peines du cœur et les grands déboires de l'esprit venaient s'abriter. L'Egyptologie présente aujourd'hui les mêmes attractions sans imposer les mêmes sacrifices, et c'est un progrès dont il faut lui savoir gré, car beaucoup ont besoin des travaux et des veilles pour *oublier*, qui n'ont cependant pas la vocation du cloître.

Nous venons de mentionner la patience des Egyptologues : c'est leur grande qualité. Il n'est pas de science où les matériaux soient aussi disséminés, ni où l'on doive par suite, compulser plus de livres et faire plus de recherches. Les textes sont classés par dynasties dans un recueil, par villes dans un autre, par sujets dans un troisième, si bien qu'il faut réunir, planche par planche, des documents épars de tous côtés, quand on étudie un règne, un monument ou un fait, ce qui nécessite la tenue de véritables répertoires correspondant à de volumineux index. Des difficultés du même genre existent sans doute dans d'autres branches de l'archéologie, mais elles se compliquent ici d'une façon particulière.

En premier lieu, suivant que le manque de temps, les obstacles matériels et l'ensablement des édifices ont plus ou moins gêné les copistes, les *mêmes textes* sont plus ou moins complets dans les différents recueils : — éternel sujet de perquisitions et de comparaisons, — éternel sujet, aussi, de précieuses découvertes, procurant ces joies d'antiquaire que **Walter Scott** a si bien comprises.

De plus, et c'est là un inconvénient bizarre dont il faut pourtant tenir compte, on n'étudie guère les hiéroglyphes qu'*à la force du poignet*. (Nous en savons quelque chose.) Chaque *corpus inscriptionum* semble avoir gardé un peu du poids et de la grandeur des monuments eux-mêmes (1). Il faut un cheval et une voiture pour transporter les *Denkmaeler* et la *Description de l'Egypte* est à peu près équivalente en poids et en volume (2). Si ces gros folio eussent existé au temps de **Boileau** et de **Swift,** nul doute que le poète en eût armé le bras de son terrible chanoine **Fabri**, au lieu d'un vieil *Infortiat*, et que le moraliste les eût mis dans le gousset de ses *Brobdingnageois*, en guise de minuscules dictionnaires de poche, édition elzévirienne diamant.

Nous défions n'importe quel égyptologue de faire la monographie complète d'un seul mot sans compulser presque tous ses livres, et par conséquent sans manier, en détail, un poids d'au moins mille kilogrammes :

Tantae molis erat !

Si encore les textes monumentaux n'étaient incomplets que dans les copies, le mal pourrait se réparer ! Mais ils ont souffert en Egypte les

---

(1) Non je n'oublierai pas la cité des ruines,
Dont les débris sont des collines,
Les colonnes des tours, et dont les habitants
Sont des rois de granit à taille de Titans !

L'aspect de Thebes : J.-J. AMPÈRE. *Littérature, Voyages et Poésies.* TOME II, page 173.

(2) Nous nous sommes donné la satisfaction de peser ces ouvrages.

La DESCRIPTION DE L'EGYPTE, 2me édition de Panckoucke, 1822, textes et planches totalise 126 kilogrammes et les DENKMAELER totalisent plus du double.

— 16 —

injures séculaires du temps et des hommes, de sorte que rien n'est plus rare qu'une inscription intacte.

Et que dire des papyrus ?

Pour trois ou quatre rouleaux en bon état (comme l'étaient le papyrus magique publié par M. Chabas, le *papyrus* Ebers et le *grand papyrus* Harris), que de documents précieux mutilés par la rapacité des fouilleurs et par la maladresse des acquéreurs !

Nous en citerons qu'un exemple : la chronologie égyptienne, si difficile à reconstruire, existait au commencement de ce siècle ; puisque le *papyrus royal de* Turin contenait la liste de tous les personnages mythiques et historiques ayant régné sur l'Egypte depuis les temps fabuleux, *avec les ans, les mois et les jours de leurs règnes, sans lacunes, jusqu'à Ramsès II;* aujourd'hui, tout cela n'est que poussière !... Un peu de précaution, cependant, aurait suffi pour ajouter deux mille ans au moins de *dates certaines à l'histoire,* tout en épargnant à plusieurs générations d'égyptologues des siècles de recherches *inutiles... peut-être !...*

Ce sont là de ces vides que l'on ne comble pas. Pour notre part, nous ne songeons point sans douleur aux *desiderata* de la bibliothèque égyptologique. L'incendie du Serapeum est déjà bien ancien, si ancien que ses auteurs probables ont pu en décliner la responsabilité :

Plus n'ont voulu l'avoir fait l'un ni l'autre.

Mais peut-on oublier que des auto-da-fés plus récents ont anéanti, aux trois quarts peut-être, cette antique littérature égyptienne qu'on devine si riche à travers de misérables fragments ?

Mariette-Bey raconte les deux faits suivants :

Des Arabes mirent le feu à cinquante papyrus trouvés dans un coffre à Gizeh *pour en respirer la fumée en guise de tabac*, et un voyageur fit incendier un colombier plein de papyrus, sans doute par horreur pour ces *grimoires magiques*.

Le crime de ces misérables, qui ont fait des cendres avec les archives de l'humanité, ne touchera peut-être que médiocrement ceux d'entre nous que l'Egyptologie n'a pas pour néophytes, mais qu'ils se figurent, à la chute de Constantinople, quelque Turc fanatique brûlant dans un colombier ou en guise de tabac, les manuscrits des poètes, des philosophes et des historiens de la Grèce !

Si nous avions voix consultative dans le cénacle égyptologique, nous rappellerions trois *desiderata* qui sont dans la bouche de tous, concernant la conservation, la reproduction et la vulgarisation des monuments égyptiens.

Que les mutilations et les dévastations des splendeurs pharaoniques restées debout malgré les efforts des temps et des hommes s'arrêtent donc enfin ! Lord Elgin enlevant les marbres du Parthénon a eu des modèles et des imitateurs en Egypte, à toutes les époques anciennes et modernes, et les débris des palais et des temples des Pharaons ornent les musées, les collections et les places publiques de tous les peuples. Ils y figurent sans doute magnifiquement, mais la photographie et la lottinoplastie nous enlèvent actuellement toute excuse pour continuer ce cruel vandalisme. Des photographies exactes et grossies, ou des moulages de grandeur naturelle (si facilement exécutables avec les procédés de Lottin de Laval et d'un prix de revient si minime) ne rappelleraient-ils pas suffisamment leurs originaux ?

Nous avons pu apprécier par nous-même en revenant de l'Inde par l'Egypte (1863) avec quelle déplorable facilité on pouvait, pour quelques pièces d'or et même d'argent, se procurer avec les Arabes des débris de monuments, des papyrus et des objets de toutes sortes qu'ils ont enlevés aux tombeaux et aux hypogées, peut-être même volés aux fouilles dirigées par les agents du Vice-Roi et à ses propres musées !

Ismaël-Pacha mérite un double éloge, d'abord pour avoir tenté résolûment la conservation des monuments et l'exécution intelligente des fouilles et des déblaiements, ensuite pour avoir choisi dans ce but Mariette-Bey.

Quant à nous, préoccupons-nous davantage de la conservation des richesses archéologiques que nous possédons, cataloguons-les soigneusement et reproduisons par la photographie les textes et les inscriptions, en y ajoutant la mise en couleur. Copions ce que, par une circonstance quelconque, la photographie ne pourrait pas reproduire, et vulgarisons par nos Congrès ces précieux et authentiques débris des annales de l'homme (1).

Plus philosophes que leurs amis, les égyptologues se consolent de ce qui leur manque avec ce qui leur reste, et ils trouvent que l'obstacle est l'aiguillon de l'esprit, comme la lutte est la condition de la vie. Nous en connaissons même qui, pour un peu, voudraient voir lacérer davantage leurs papyrus et attaquer davantage leurs découvertes. Qu'ils se rassurent ! Ils ne manqueront jamais d'adversaires. En Egypte ou ailleurs, il existera toujours des fanatiques et des ignorants. Sans doute, il ne faut pas dire qu'il n'y en aura jamais trop, il y en aura au contraire

---

(1) La réalisation du vœu n° 14, émis au 1er Congrès des Orientalistes provinciaux *(Saint-Etienne)*, serait notamment utile à l'avancement des études égyptologiques. (Voir pages 92 et 122, TOME premier.) La publication des catalogues des collections et des musées départementaux (publics ou particuliers permettrait aux Egyptologues d'aller les visiter et d'en relever les monuments.

C'est le 2me Congrès qui, amenant M. E. NAVILLE à *Marseille*, a fait connaître les richesses *ignorées* des salles égyptiennes du palais Borelli.

C'est la présence de MM. MASPERO et E. NAVILLE au 3me Congrès qui, ayant attiré l'attention sur les salles égyptiennes du palais Saint-Pierre, a contribué peut-être, jointe à l'installation du magnifique MUSÉE GUIMET, à faire doter l'Académie de Lyon d'une CHAIRE D'ÉGYPTOLOGIE. M. E. LEFÉBURE en est le titulaire.

toujours assez, mais enfin c'est vrai, il en faut, et après les amis rien ne vaut encore les ennemis. Cet ancien le savait qui a écrit un traité *de utilitate inimicorum.*

Permettez-nous d'espérer, cher Lecteur, que vous ne voudrez pas nous être utile de cette manière. Nous avons bien abusé un peu de votre patience, mais notre regret ne nous vaudra-t-il pas votre indulgence ?

Pour vous prouver la sincérité de ce repentir, nous nous arrêtons ici, et, après vous avoir entretenu des ouvriers, des outils et des matériaux de l'Egyptologie, nous ne vous dirons rien de l'œuvre égyptologique elle-même. Il vous appartient, d'ailleurs, de la juger d'après ce volume, si vous vous y intéressez.

Nous nous hâtons, maintenant, de traverser la Mer-Rouge, de passer des bords du Nil aux sommets du Sinaï, de la fertile vallée à la solitude aride, du pays des moissons à celui des aromates et des pierres précieuses, de la grande civilisation des cités à la vie errante du désert, enfin (et ce sera le sujet de ce volume), *de l'épigraphie connue à celle dont la lecture, ainsi que nous allons l'exposer, attend encore son* Champollion.

Puissiez-vous, cher Lecteur, être ce fortuné mortel !

C'est le bonheur que je vous souhaite.

Baron TEXTOR DE RAVISI.

www.ingramcontent.com/pod-product-compliance
Lightning Source LLC
Chambersburg PA
CBHW061622040426
42450CB00010B/2610